LE RÈGNE
DE SATURNE

UNICURSAL

Copyright © 2018

Éditions Unicursal Publishers
www.unicursalpub.com

ISBN 978-2-924859-76-6

Première Édition, Litha 2018

LE RÈGNE

DE SATURNE

CHANGÉ EN SIÈCLE D'OR.

S. M. I. S. P.

OU

LE MAGISTÈRE DES SAGES

Qui a été tenu secret jusqu'à ce jour, & que l'on publie maintenant en faveur des enfants de la science. On y a joint, pour servir comme Pierre de touche, une suite de maxime puisées chez les Philosophes les plus authentiques ; avec une pratique très facile.
Le tout traduit du latin d'Huginus à Barmâ, par Mr *PI. TH. An.....*

Avec figures.

A PARIS

Aux dépends de PIERRE DERIEU.

M. DCC. LXXX.

UNICURSAL

AVIS

AU LECTEUR

J e connaissais depuis longtemps l'importance du service qu'Huginus à Barmâ avait rendu à l'école entière des disciples d'Hermès, en donnant au Public le petit Traité qui a pour titre : *Saturnia Regna in aurea soecula conversa*. Car je n'ignorais pas que le célèbre *Olaus Borrichius* en avait parlé avec éloge dans son *Prospectus Chymicorum celebriorum*. « Huginus, dit ce Savant, a découvert le secret du Grand-oeuvre dans son *Saturnia Regna*, avec tant de netteté qu'il paraît en avoir pénétré les principaux mystères, &c. » D'après un témoignage aussi favorable, j'avais soigneusement recherché ce petit livre dans les principales bibliothèques de cette Capitale de France, mais inutilement. J'avais même parcouru un nombre prodigieux de catalogues de ces bibliothèques, qui se vendent fréquemment à Paris, sans en rencontrer une seule fois le titre. J'avais remarqué aussi que l'Abbé Lenglet Dufresnoy n'en dit mot dans son catalogue des Auteurs Hermétiques. D'après tout cela, je commençais à douter si le temps n'avait pas détruit les exemplaires de ce précieux ouvrage : lorsque M. Derieu en mit un sous mes yeux parmi un grand nombre d'autres livres de la science, en ajoutant qu'il était dans le dessein de le faire réimprimer. J'applaudis à ce projet, qui sera sans doute aussi utile qu'agréable aux Amateurs de la Philosophie Hermétique ; & pour marquer la satisfaction que j'en avais, je désirai d'en soigner moi-même l'édition.

Vous pourrez donc à présent, mon cher Lecteur, jouir & profiter de cet excellent Traité. Lisez-le & relisez-le avec attention. Et si vos principes, si le plan des opérations que vous méditez, s'accordent avec les principes & maximes de notre Auteur ; n'hésitez pas ; essayez hardiment de mettre la main à l'oeuvre.

Nous ajouterons à cet avis qui se trouve au commencement de la nouvelle édition latine du *Saturnia Regna*, que la première édition de cet ouvrage parut à Paris en 1657. Jean Wolffg. Dienheim en publiât une traduction Allemande dans sa *Toeda Trisida Chimica*, ou *Dreysache chymische Fackel*. C'est une collection Allemande de quelques ouvrages d'Alchimie, qui sont 1° La Parole délaissée ; 2° Le règne de Saturne d'Huginus à Barmâ ; 3° Le Testament Chimique de B. Valentin. Elle fut imprimée à Nuremberg en 1674, in-8° Je ne connais, après cela, d'autres éditions de ce petit ouvrage, que celle qui vient de paraître à Paris, dans le courant de l'année 1779, & qui a été donnée d'après l'édition de 1657.

Disons encore que dans la traduction que l'on en publie ici, on s'est attaché uniquement à rendre le sens de l'Auteur. On s'est bien gardé de courir après une éloquence déplacée, ou d'affecter des expressions brillantes. Nous sommes dans l'usage en France d'habiller beaucoup trop à la Française les ouvrages que nous faisons passer dans notre langue. Une pareille licence, si elle peut jamais être pardonnable, n'est admissible au plus que dans les ouvrages de simple amusement. Qu'un Traducteur alors donne son ouvrage sous le nom de l'auteur qu'il dit traduire ; il importe ; pourvu qu'il plaise, il a rempli son but & satisfait son Lecteur. Il n'en est pas de même des ouvrages scientifiques; celui qui les lit ne cherche pas à s'amuser, mais à s'instruire; il faut donc les mettre sous ses yeux sans aucune altération. Quant aux livres d'Alchimie qui nous viennent de bonne main, ils sont encore plus délicats que tous les autres livres de science; leurs Auteurs peuvent avoir caché la vérité tantôt dans des tournures singulières & recherchées, tantôt sous des expressions figurées, & d'autres fois dans la simplicité même de leurs paroles: aussi ils ne doivent être touchés qu'avec respect & scrupule par la main d'un Traducteur. Telle a été la règle que je me suis faite en mettant ce Livre en Français. Si je ne l'avais pas jugé de main de maître, je n'aurais pas voulu perdre mon temps à le traduire; & le croyant tel, je me suis uniquement appliqué à en rendre les sens, dont j'ai cru devoir être plus esclave, que de la pureté du langage.

PRÉFACE DE L'AUTEUR

Vous me demanderez peut-être, mon cher ami, où est-ce que nous trouverons l'Eau ou le Magistère des Sages? Puisqu'on lit dans Geber; notre Eau est l'Eau des nuées. Dans Aristote: notre Eau est une Eau sèche, Dans Hermès: nous tirons notre Eau d'un menstrue sordide & puant. Chez Danthin: notre Eau se trouve dans les vieilles étables, les latrines & les cloaques, & chez Morien: notre Eau croît sur les montagnes & dans les vallées.

Sachez que les insensés n'entendent pas ces paroles, ils croient qu'il s'agit ici du Mercure. Remarquez bien cependant que ce n'est pas du Mercure dont les Philosophes parlent, mais d'une eau sèche qui rassemble tous les esprits minéraux, l'âme & le corps, en les rendant pénétrants, qui après les avoir rassemblés, les abandonne, se sépare d'eux & les laisse dans l'état de fixité. Cette Eau se trouve dans toutes les choses qui sont au monde ; sans elle tous nos efforts pour parvenir à la Pierre des Sages seraient inutiles. En effet comment pourrions-nous, sans son secours, procurer l'ingrès à nos matières préparées, c'est-à-dire, leur donner la faculté de se pénétrer l'une l'autre.

Dans la Pharmacie, on rassemble plusieurs simples, & *on en exprime le jus*. Si nous voulons faire une oeuvre parfaite dans le genre, soit végétal, soit animal, soit minéral, il faudra que nous suivions cet exemple : aussi il y a dans toutes les choses une Eau sèche par laquelle elles se perfectionnent elles-mêmes ; c'est ce qui a fait dire à Galien que tous les mixtes dans les trois règnes ont leur propre médecine pour produire la pierre qui leur convient, sans y ajouter aucune chose étrangère. Si l'on veut donc faire la pierre ou quelque fixation ou quelque conjonction, il faut la faire avec notre Eau sèche.

Les Teinturiers nous présentent aussi un exemple à suivre ; ils prennent de la garance pour les draps qu'ils veulent teindre en rouge, & de l'alun, (n, b.) Le drap est le corps, la garance est l'âme, & l'alun est l'esprit. En effet, sans l'alun la

couleur ne pénétrerait pas le drap & ne s'y fixe-
rait pas ; elle s'envolerait peu à peu, & le drap pâ-
lirait ; car la couleur rouge est un esprit, & l'alun
participe de l'esprit & du corps ; d'où il arrive que
lorsqu'ils sont réunis, ils se pénètrent mutuellement. Ou bien encore, prenez de l'eau de pluie,
faites-y bouillir ces trois choses, & lorsque par
l'ébullition l'alun & la couleur auront pénétré le
drap ; vous le suspendrez, l'eau s'évaporera, & la
couleur y restera fixe. Il en est de même de notre
pierre. Quoiqu'on ait préparé les corps, l'âme &
l'esprit comme il convient, s'ils ne se pénètrent
pas l'un l'autre par le moyen de l'Eau, ils ne resteront jamais ensemble. De là cette multitude d'er-
reurs où tombent tant d'Artistes, parce qu'ils ne
connaissent pas la nature.

Sachez de plus que la terre contient les semences de tous les êtres, leurs opérations &
leurs vertus : aussi eut-elle le réceptacle de tous
les rayons & de toutes les influences du ciel ; elle
est aussi imprégnée par les autres éléments &
les autres cieux ; elle est le centre, le fondement,
disons mieux, elle est la mère de tous les êtres,
puisqu'ils prennent tous naissance dans son sein ;
car on sait qu'il suffit de l'exposer au grand air,
après l'avoir suffisamment purifiée, pour qu'el-

le soit féconde & imprégnée des opérations & des vertus célestes, au point qu'elle pourra alors produire d'elle-même des herbes de toute espèce, des vermisseaux, des insectes & des atomes ou paillettes métalliques. En elle se trouvent un grand nombre d'Arcanes, & l'esprit de vie, qui est le premier né de la nature céleste, y développe déjà son activité.

Il y a aussi dans son centre une terre vierge composée de trois principes ; & la loi de la nature est telle que si vous savez séparer ces trois principes, & les rejoindre ensuite à la manière des Philosophes, vous serez possesseur du plus grand des trésors. Parlons plus clairement : cette terre contient dans son sein trois principes sensibles. Le premier est le *nitre* philosophique que la terre a conçu par les influences du soleil, de la lune & des autres astres. Car si les rayons qui émanent du soleil sont plus chauds, il en résulte une plus grande quantité de sel nitre central ; ce qui cependant (*n.b.*) doit s'entendre non du nitre commun, mais du nitre philosophique. Le second principe, qui est caché dans cette terre vierge, est l'esprit céleste & invisible de la nature, c'est-à-dire, l'esprit du monde *renfermé* dans un sel subtil. Le troisième est un sel fixe qui est comme le récepta-

cle des deux corps précédents que Dieu a mis &
comme plantés dans son sein : ainsi ces trois sels
sont contenus & cachés dans cette terre.

Peu de paroles suffisent au Sage, d'ailleurs
les explications qui suivent vous présenteront la
nature sous un si beau jour, elles la mettront si
nettement sous vos yeux, que rien ne sera plus
facile que de la connaître. Lisez, méditez, priez &
gardez le silence.

Votre ami, H. A. B.

LE RÈGNE DE SATURNE CHANGÉ EN SIÈCLE D'OR

POSITIONS
de Philosophie Hermétique.

I

CEUX qui ne croient pas la possibilité de l'oeuvre divine d'Hermès, qui en ignorent la réalité, ou qui la méprissent, n'ont point encore adoré la majesté de la nature créatrice *dans l'un de ses plus beaux Ouvrages*, & n'ont pas suffisamment réfléchi sur les opérations de la nature créée. L'éclat du soleil & de la lune frappe inutilement leurs yeux, ce sont des aveugles sur qui je ne dis pas la lumière naturelle, mais la splendeur de la grâce divine, ne fait aucune impression.

En effet les Philosophes auraient-ils dit que cette oeuvre était un don de Dieu, & qu'elle ressemblait à la génération des animaux, s'ils n'avaient pas jugé que le concours de la faveur céleste & de la nature était nécessaire pour sa production? Et si le simple paysan n'ignore pas que Dieu & la Nature abhorrant la solitude, ont mis dans tous les êtres une semence qui leur est propre, & par laquelle ils se reproduisent & perpétuent leur espèce; comment des Philosophes, des Sages, qui cherchent à approfondir la Nature & ses secrets, pourraient-ils former des doutes sur cet objet?

II

Mais les Sophistes qui ont cru parvenir à une connaissance parfaite de ce mystère sans la révélation divine, ou sans les conseils d'un guide expérimenté, se sont plongés dans des ténèbres stériles, & n'ont reconnu que l'un de ces deux principes, ou même les ont méconnus tous les deux; d'où il est arrivé que ne rendant point à Dieu la gloire qui lui est due, & méconnaissant le pouvoir de la Nature, ils ont honteusement

profané l'alliance qui réunie l'homme à l'un &
à l'autre, ils ont violé les lois de la nature, ils ont
souillé le pur par le mélange de l'impur, & n'ont
enfanté que des monstres. Soit qu'ils aient négligé
ou qu'ils n'aient pas connu l'Electre de Paracelse,
ils n'ont suivi que leur propre sentiment, se sont
livrés aveuglément à leurs folles idées, & ont cou-
ru avec avidité vers la possession de notre oeuvre
& *de ses richesses*, sans se proposer l'unique but qui
soit digne d'elle, c'est-à-dire, la gloire du Très-
Haut. Mais que leur est-il arrivé? Ils ont passé
leur vie dans des chimères, ils n'ont recueilli de
leurs travaux que de la fumée, & ils n'ont eu que
des larmes amères à répandre sur la dissipation
de leurs biens, & sur la honte dont ils se sont
couverts.

III

D'autres Artistes d'un esprit plus pénétrant se
sont un peu distingués des Sophistes, ils ont connu
la vraie matière philosophique, mais ils n'ont pas
su la mettre en usage, parce qu'ils lisaient tantôt un
Auteur, tantôt un autre, espérant de trouver chez
eux la manière de l'employer. Mais les Anciens
n'ont pas tous préparés cette matière de même,

les uns ont eu recours à des opérations longues
& même dangereuses ; d'autres ont pris une voie
plus courte & plus sûre. C'est pourquoi ceux qui

veulent se guider par les Anciens, croient pouvoir s'instruire dans Raymond Lulle, des poids ; dans Avicenne, des fermentations, dans le Trévisan, du feu & dans Paracelse, des projections, etc. ; ils se trompent, chacun d'eux a un procédé qui lui est propre, c'est pourquoi si Geber vous paraît parler autrement que Raymond Lulle ; si vous ne trouvez pas dans Morien ce qui est dans Arnaud de Villeneuve, ni dans Paracelse ce qui est dans les autres Philosophes, ne les accusez d'erreur ni les uns ni les autres : tous sont parvenus au but par différents moyens, quoiqu'en opérant sur la même matière.

IV

Si les destins vous appellent à cet honneur, si vous imitez soigneusement la Nature, tout vous réussira suivant vos désirs, vous marcherez sous les auspices de la Divinité, & la Nature, qui est la servante de sa majesté infinie, s'empressera de vous favoriser dans vos travaux. Prenez-la donc pour maîtresse & pour modèle, imitez-la : suivez ses traces, & examinez soigneusement les causes, la matière, les mouvements & le but de l'oeuvre. Tout ce qui pourra vous arriver d'heureux, rapportez-le à la gloire du Très-Haut & à l'avantage du prochain ; car c'est là la vraie & unique vue des Philosophes.

V

Mais puisque je me suis proposé d'indiquer le moyen le plus court & le plus convenable à la Nature pour chasser les maladies & l'indigence, je parlerai en peu de mots du Magistère universel des Philosophes, que le Tout-Puissant, par un pur effet de sa libéralité, a donné aux mortels, & je le ferai avec tant de sincérité, qu'aucun de ceux qui m'ont précédé dans la même carrière, n'aura consacré ce don de Dieu à la postérité avec autant de franchise que moi, car ce que j'ai appris sans fiction, je le communiquerai sans envie. Chassez surtout de votre esprit les extravagances des Sophistes, toutes ces fixations, sublimations, congélations, amalgamations, précipitations, distillations & préparations des mercures, des antimoines, des sels, des tartres, des herbes, des animaux ; opérations inutiles, auxquelles se livrent tant de faux Artistes suivis de la foule de leurs disciples, Mais marchez dans la voie uniforme de la Nature, qui est la plus sûre & la plus courte.

De la Matière ou Sujet Philosophique.

VI

Ayant donc à traiter des parties essentielles & intégrantes du Magistère, je commencerai par la matière, dont la recherche a coûté tant de travaux inutiles à une infinité d'Artistes. Mais ceux qui, par une grâce spéciale du Très-Haut, sont parvenus à la connaître, entraînés les uns par l'envie, & les autres guidés par la crainte qu'ils ont eue qu'on ne vînt à en abuser, n'en ont parlé dans leurs écrits qu'en la déguisant : tous l'ont transmise à la postérité en la cachant sous tant de voiles, qu'il ne faut rien moins que la pénétration d'un OEdipe pour la reconnaître, ou même pour discerner ses traits. D'autres même ont fait voeu à Dieu & à la Philosophie de la tenir à jamais renfermée sous le sceau impénétrable d'Hermès. Je vous proposerai cependant à ce sujet deux maximes fondées l'une sur l'autorité d'Hermès, & l'autre sur la raison. Si vous ne les comprenez pas, si elles ne chassent pas les ténèbres qui couvrent vos yeux, vous êtes encore aveugle pour bien du temps, peut-être pour toujours.

VII

La première est dans Hermès (liv. 7 de ses Traités sur les ferments & la fermentation), où l'on lit que le ferment est de la même substance que sa pâte, & bien mieux, que le ferment de l'Or est Or, & le ferment de la Lune est Lune.

La seconde est fondée sur cet axiome naturel, que la substance que l'on cherche est la même que celle d'ou l'on doit la tirer. Arnaud de Villeneuve assure la même chose au livre premier de son Rosaire, ch. 7, quoiqu'il s'exprime autrement : « notre médecine dit-il, se tire des choses dans lesquelles elle est. »

VIII

Hermès s'explique encore plus clairement autre part, pour faire entendre qu'il faut l'extraire de la substance des planètes terrestres, c'est-à-dire, des métaux parfaits. Le Soleil & la Lune, dit-il, sont les racines de notre art ; c'est pourquoi le fils d'Hamuel enseigne que la pierre est une eau congelée dans le Soleil & la Lune. Le Trévisan la fait consister dans deux substances mercurielles qui viennent d'une même racine. Suivant

Geber, cité par Zachaire, c'est une eau visqueuse fécondée par l'action de son soufre métallique. Paracelse (au livre des Transmutations métalliques, chap. 13), dit que c'est l'Electre ou le cinabre, c'est-à-dire, un composé de deux minéraux, savoir, le soufre & le vif-argent, car l'Electre, ajoute ce Philosophe, est-il autre chose qu'un mélange de deux ou plusieurs minéraux, ou bien de deux ou plusieurs métaux ? Pourquoi donc le soufre du Soleil conjoint par un artifice philosophique avec le mercure de la Lune, ne ferait-il pas l'Electre ? Pourquoi ne ferait-il pas le Cinabre[1] ?

---

1   Je n'aurais garde d'arrêter les yeux du Lecteur sur cette note, pour lui faire remarquer que ni Paracelse, ni notre Auteur, n'entendent certainement pas parler ici du cinabre ordinaire, si je ne savais que cette substance a encore de nos jours ses partisans zélés qui le prennent pour le vrai sujet de la Pierre, & qui en font en effet la base de leurs travaux. Ils ont beau se rassurer dans leur opinion, en citant différents passages de quelques Auteurs qui la favorisent, & en nous disant que cette matière contient naturellement le soufre & le mercure, ou plutôt qu'elle est tout soufre ou tout mercure ; que la Nature, par la réunion de ces deux substances dans le même sujet, enseigne à l'Artiste la combinaison qu'il en doit faire dans son oeuvre, c'est-à-dire, qu'elle révèle ainsi la solution d'un grand problème, celui des poids. Ils n'en sont pas moins dans l'erreur, & peut-être qu'ils n'en sortiront pas,

malgré l'avis que j'ose leur donner, car je sais quelle est la force de la prévention.

S'ils persistent donc, qu'ils tâchent de nous expliquer comment le cinabre ordinaire contient, de même que celui dont parle Paracelse, le soufre de l'Or conjoint au mercure de la Lune par un artifice philosophique. Mais plutôt s'ils veulent devenir sages, qu'ils considèrent que le mercure & le soufre qui sont dans leur cinabre, ne sont que le soufre & le mercure ordinaires, deux matières hautement condamnées par les vrais Philosophes, ridiculisées même par quelques-uns d'entre eux.

Quant aux Auteurs dont il leur plaît de s'appuyer, ils doivent examiner attentivement si ces Coryphées, d'après lesquels ils pensent, ont pour eux le suffrage de l'Ecole d'Hermès, s'ils sont généralement regardés comme Adeptes, & si dans ce cas leur sentiment doit balancer tout ce que les Raymond Lulle, les Bas. Valentin, les Cosmopolite, les Riplée & tant d'autres, nous ont enseigné tantôt clairement, tantôt sous le voile des similitudes & des allégories, touchant la vraie matière ou sujet philosophique. C'est là tout ce que j'ai à dire aux Sectateurs du cinabre commun.

Mais les Amateurs de la science qui n'ont point encore l'esprit prévenu, ne prendront d'opinion sur cet objet fondamental, que d'après la saine doctrine qui se trouve consignée dans un si grand nombre de bons livres ; ils tâcheront de démêler les passages énigmatiques qui touchent adroitement ce point, & les compareront avec ceux qui en parlent ouvertement ; & surtout ils n'oublieront pas quelles sont les matières proscrites par les Philosophes. Je ne les rappellerai point ici ; mais pour faire voir d'autant plus que ceux qui sont entrés

dans le sanctuaire de la science, tiennent un langage uniforme, je rapporterai ici quelques traits d'un Auteur anonyme,
que le Trévisan, en deux différents endroits de son livre de
la Philosophie naturelle des métaux, compte dans le nombre
des Adeptes ; c'est le véridique, ouvrage qui n'a jamais été
imprimé, & que je croyais perdu comme plusieurs autres que
l'on trouve cités par les anciens Auteurs ; mais je vois, par un
manuscrit qui est tombé entre mes mains, que le hasard l'a
sauvé jusqu'ici de l'injure du temps.

« Ils sont aucuns assez lettrés (dit cet Auteur) se répu-
tants de grande estimation par l'abondance de leurs biens
temporels, qui cherchent cette science, & oeuvrent de plusieurs espèces, mettant leur entendement en sels, aluns, voire
(verres), soufre, arsenic & en sang humain ou de bêtes, en
urines, pierres, oeufs de gelines, herbes ; en or, argent, cuivre,
Fer, plomb, étain ; en plantes, superfluités, & autres choses
trop diverses ; & conjoignent ces choses l'une à l'autre en
broyant, sublimant, calcinant , distillant, résolvant & fixant
souvent de fois ; & croient (pensent) en labourant ainsi, venir
au-dessus de leur intention, & extraire d'une de ces choses
ou de plusieurs, aucun bien. Mais c'est une sotte fantaisie de
nulle valeur. Et si aucuns qui croient faire l'oeuvre avec or &
mercure, ou soufre avec argent...., & mettent mercure avec
or, ou soufre avec argent, & le ferment (mettent) en terre,
& croient que ce qu'ils pensent soit vrai ; ceux-ci sont remplis de grande sottise. Les autres veulent fixer mercure par
soufre, alun ou eaux, en le tenant longuement au feu ; ou par
ordures de métaux, ou autres manières innumérables, qui est
chose impossible & contre raison, etc.

Et certes un lion engendre un lion, « les gens forts & robustes ont des enfants qui leur ressemblent, & les aigles généreuses ne donnent pas le jour à une faible & timide colombe.

IX

Mais de même que l'homme & la femme ne peuvent engendrer qu'au moyen de leurs se-

---

L'Auteur anonyme tombe ensuite sur les Sophisticateurs ; il serait trop long de citer ici tout ce qui mériterait d'être rapporté ; mais il revient à plusieurs reprises sur la matière de l'oeuvre ; il répète, d'après Morien : Comment attendrais-tu aucun bien en chose qui est légèrement gâtée & consumée en la chaleur du feu ? Mais considère si tu pourras trouver aucune matière pure & nette ; autrement laisse ton ouvrage, car aussi bien n'aura point d'efficace..... Sache donc que cette chose est de peu de prix envers ceux desquels elle est inconnue ; & si elle est chose commune, ville & abondante ; & en m peuvent aussi bien avoir les pauvres comme les riches, & est vendue publiquement pour l'argent & monnaie.

C'est ainsi que s'exprime LE VERIDIQUE sur cet objet important. Plus bas il ajoute : « Prenez donc la pierre visible & la pierre invisible, etc. »

Ceux qui seront bien aises de jeter les yeux sur les passages du Trévisan, ou il est fait mention du Véridique, n'ont qu'à ouvrir le second tome de la Bibliothèque des Philosophes Chimique (édition de 1741), aux pages 334 & 384.

mences; de même notre mâle, qui est le Soleil,
& notre femelle, qui est la Lune, ne concevront
jamais sans la semence ou sperme tant de l'un
que de l'autre. Delà les Philosophes ont conclu
qu'il fallait nécessairement ajouter à ces deux un
troisième être animé, savoir, la semence du mâle
& de la femelle chimiques, semence sans laquelle
l'oeuvre est absolument inutile & nulle. Or, il n'y
a pas d'autre sperme de cette espèce que notre
mercure ou Evestre[2]; j'entends par ce mot ce
que les quatre éléments de ce monde contien-
nent de perpétuel & d'éternel, & cet esprit vivifiant & très pur qui se répand & se promène dans
tout l'univers.

Du Mercure des Philosophes.

X

Le Mercure des Philosophes est produit par
l'écoulement & le concours anatique des quatre

---

2   Evestre, mot de l'invention de Paracelse. On voit la si-
gnification qu'il lui a donnée ici, mais dans d'autres endroits
de ses ouvrages, il lui a fait signifier autre chose.

    Il faut supprimer ici dans le texte latin, le point & la vir-
gule, qui ont été mis par mégarde après *aeternumque.*

éléments agissants soit à la surface de la terre,
soit dans l'air, quoique leur effet soit plus sensible pour nous sur toute la surface de notre globe, ou plutôt sa naissance est déterminée par le
concours des éléments, & il reçoit du ciel & des
astres le complément de son existence : telle est
l'origine de ce fils, disons mieux, de ce premier
né de la nature, de cet esprit toujours agissant,
toujours en mouvement, qui se répand partout,
qui pénètre tout, qui réunit, porte & concilie
dans son sein le germe & les principes de tous les
êtres. Il ne peut être arrêté & dompté, de manière
à tomber sous nos sens, que par les seuls liens des
éléments. Et c'est pour cette raison que Neptune
l'introduit intimement dans le sein & les entrailles
de Saturne par le moyen des pluies, de la rosée,
de la neige, des gelées blanches, des brouillards,
des éclairs, etc. qui lui servent extérieurement de
véhicule, (ce qui a induit des Sophistes à prendre
follement les cristaux de Saturne *pour le sujet de
leurs opérations*). Cependant il ne se montre jamais
nulle part pur & nu, à moins que l'art ne lui enlè-
ve radicalement les souillures qu'il a contractées
par l'impureté de la matrice des éléments.

XI

Ce n'est pas que les éléments ne soient très purs dans leur centre, mais comme ils ne peuvent nous être rendus sensibles dans leur pureté que par le moyen de leur matrice, qui leur sert comme d'écorce, il n'est pas surprenant que le vêtement ou enveloppe de notre Mercure soit souillé de tant d'ordures qui le tiennent dans leurs entraves, soit lié & garrotté de tant de chaînes, qu'il ne puisse être aperçu qu'à la clarté du flambeau philosophique.

XII

Notre Mercure est un être très pur & sans tache, il est blanc & rouge ; Paracelse & Isaac Hollandus l'ont appelé avec raison Eau de Paradis, car il arrose toute la surface de la terre ; se divisant en quatre sources, il se répand dans toutes les régions, & déploie *son activité* & ses forces sur les trois règnes. Si vous comprenez ceci, vous tenez tout. Mais si vous avez besoin d'une plus grande lumière à son sujet ; vous la trouverez dans la solution philosophique de tous les individus de la Nature, où notre Mercure se manifeste d'une manière sensible ; car la dernière opération de la Nature, relativement à nous, est la première pour la Nature elle-même.

XIII

Ce Mercure philosophique est sec & humide, volatil & fixe, dans une proportion si favorable à l'union de ses parties, qu'il est donné aux seuls enfants d'Hermès de distinguer en lui ces différentes qualités. Les Philosophes considérant que son enveloppe terrestre est extrêmement limpide & diaphane, ont été surpris que la rougeur fût cachée dans une si grande blancheur. Cela les engagea à lui donner le nom de Ciel, non seulement parce qu'il embrasse & contient l'universalité de tous les êtres, & qu'il reçoit dans son sein toutes leurs essences avec leurs modifications, ce qui fait qu'il attire à lui *le principe ou* le sujet de tous les changements *qui se font ici bas*, qu'il lui redonne la vie & s'envole après cela. Mais encore parce que tout ainsi que le ciel, qui est entièrement diaphane, contient en soi un esprit ou un soufre ou une quintessence très dépurée, par le moyen de laquelle les astres se meuvent & répandent leur lumière ; de même, notre Mercure cache dans le vêtement qui lui sert d'enveloppe, un esprit éthéré, qui est le vrai soufre de nature. Ce qui a fait dire aux Philosophes : « notre Mercure contient son soufre ».

XIV

D'ailleurs tous les astres de l'Astronomie inférieure brillent en lui, & deviennent Spirituels *ou volatils par son moyen,* parce qu'il les purifie & délivre de leur nature terrestre & féculente, & les change en une semence convenable & exactement pure. C'est donc un vrai ciel, disons mieux, c'est l'esprit de tout l'univers & sa quintessence, « car il a la force du feu, & son origine est céleste. Il ne se manifeste que lorsqu'on lui a enlevé & qu'on a séparé de lui ses éléments ou parties les plus grossières. Il faut donc le purifier, après quoi il n'a besoin d'autre chose au monde que de devenir mûr. Purifiez-le, dit Paracelse, & conduisez-le à sa maturité ».

Extraction & putréfaction du Mercure.

XV

Recevez cette matière telle qu'elle est en sortant de son chaos, ayant la couleur verte des plantes, séparez en par des calcinations & des solutions répétées, les parties salées, alumineuses, nitreuses, vitrioliques & terreuses. On appelle les opérations qui mènent à ce but, les premières sublimations philosophiques du Mercure. Lorsque cela sera fait, vous aurez un corps céleste qui renfermera une âme très pure ; puisqu'il se sera dépouillé de ses éléments les plus grossiers, & surtout de ses éléments terrestres, & qu'il aura perdu sa viscosité & sa salure ; car le sel est une matière toute terrestre.

XVI

Paracelse a donné à ce corps ainsi purifié le nom *d'Autruche naissante dans la terre*, & à son esprit, celui *d'Estomac de l'autruche qui naît dans la terre.* Pour avoir cet esprit, ramenez l'Autruche dans son chaos, dans ce chaos où elle était primitivement enfermée, & dans lequel les éléments tenaient cachés & emprisonnés comme dans un antre secret, ou dans une caverne, cet admirable esprit de vie, qui est un vrai Prothée & le véritable Panurge ou Agent universel. Cet esprit est la Lunaire de Raymond Lulle, le Sang de dragon d'Albert le Grand, la Saturnie de Basile Valentin, l'Esprit de vin d'Arnaud de Villeneuve. Mais son propre nom est le Mercure des Philosophes, le Vinaigre très aigre, le Lait de la vierge, l'Eau pontique, l'Eau sèche qui ne mouille pas les mains.

XVII

Cet ouvrage au reste exige absolument une savante manipulation de la part de l'Artiste, qui doit connaître aussi les vases, les instruments, le régime du feu, &c. C'est pourquoi, si vous ne connaissez pas déjà ce travail par votre propre expérience, ou s'il ne vous a pas été montré par quelqu'un, il vous sera très difficile de distinguer ce que vous devez séparer, rejeter ou recueillir. Si cependant vous avez les qualités que doit avoir un véritable enfant d'Hermès, la saine philosophie vous instruira & sera votre guide. Mais pour savoir si ce que vous avez réservé est bon, mettez-y dedans tel corps que vous voudrez ; si ce corps

Sigillum Hermetis
ponderi
TERNARIUM AB UNITATE AD UNITATEM DUCTO
Aer
Sol
Sal
Terra
SIGILLUM
SAPIENTUM

est réduit à son premier mercure en conservant ses qualités & ses teintures spécifiques, soyez sûr que vous avez trouvé ce que vous cherchiez ; sinon vous avez manqué votre opération. C'est-là ce qui a fait dire aux Philosophes : « faites le Mercure par le moyen du Mercure ».

Vous observerez d'ailleurs que notre Mercure endurcit les choses molles, amollit les dures, fixe les volatiles, & volatilise les plus fixes ; il donne la mort aux choses vivantes, & vivifie & ressuscite les mortes : il est humide & sec, il sèche les choses humides, & humecte les sèches. Les Sages savent bien que s'il n'avait pas toutes ces propriétés, nous nous servirions inutilement de lui dans notre Magistère.

Le Ciel produit les mêmes effets, puisque tantôt il humecte la terre, & tantôt il la sèche ; tantôt il la refroidit, & tantôt il la brûle, &c. Ce Mercure agit donc de la même manière sur les matières auxquelles on le joint : & ainsi le Ciel voyage dans ce bas monde.

XIX

Mais pour vous faire connaître plus clairement sa nature, vous n'avez qu'à considérer la figure de mon cachet ou sceau, dans laquelle j'ai renfermé cet ouvrage en entier avec toutes ses parties. Vous y voyez deux pyramides qui se réunissent & s'embrassent mutuellement, & leur concours fait voir les caractères des quatre éléments de la même manière que les Philosophes les représentent. La pyramide solaire, qui a cette forme $\triangle$, désigne le feu, la lunaire ∇, l'eau. La pyramide lunaire coupant la solaire de cette manière $\triangle$, représente l'air, & la solaire traversant de même la lunaire ∇, est le signe de la terre. Vous conjecturerez delà que ce n'est pas sans cause que les Philosophes ont inventé ces caractères, qui sont comme un résultat du mariage ou réunion des choses supérieures avec les inférieures. De plus, le ☉ est le mâle, la ☽ est la femelle, & le ☿ qui participe de la nature des deux, les lie & les conjoint l'un à l'autre ; car, comme je l'ai déjà dit, il est tout à la fois volatil & fixe, & il est le centre & la racine de l'un & de l'autre. Ce que je viens de dire n'a rapport qu'a l'Astronomie inférieure, mais dans l'Astronomie supérieure, le Mercure est la production du grand monde, son père & sa mère sont le Soleil & la Lune, du sein desquels il découle, c'est pourquoi il engendre & il est engendré. Ceci donne l'explication de ce que disent les Philosophes: « notre Mercure est engendré par les parents, & il est plus ancien qu'eux ». J'en dirais davantage à son sujet, s'il était permis de le faire. Mais ce que vous venez de lire sera plus que suffisant, si vous vous attachez à le comprendre.

Du Mâle.

XX

Les Sages donnent le nom de *Mâle* dans cette oeuvre aux parties fixes, & celui *de Femelle* aux parties volatiles : le mariage spagyrique est le résultat de leur conjonction. Ce n'est pas qu'il y ait en eux aucune marque ou aucune ressemblance de notre sexe, mais comme entre le mâle & la femelle de chaque espèce, il y a un certain rapport magnétique pour la conservation & l'augmentation de l'un & de l'autre dans sa propre espèce ; de même entre les parties fixes & les parties volatiles *de notre oeuvre*, qui proviennent de la même racine, il y a un aimant, une vertu attractive, qui tend à conserver & augmenter les unes & les autres, & à perpétuer leur espèce.

XXI

Paracelse appelle Terre Adamique les parties fixes, car tout ainsi que Dieu voulant créer le plus beau de ses ouvrages dans le genre animal, c'est-à-dire Adam, se servit d'un limon rouge le plus noble & le plus pur, de même il employa la terre rouge la plus noble pour la production de notre Soleil dans le Règne minéral. C'est ce qui a autorisé les Philosophes à dire que Dieu n'a rien crée (si l'on en excepte l'homme) de plus noble que notre Soleil, c'est-à-dire, que l'or, qui est la plus fixe de toutes les substances minérales. Mais les Philosophes se servent-ils de l'or du vulgaire ou d'un autre or plus secret & plus caché? Vous pourrez d'autant plus hésiter sur la décision de ce point, qu'ils excluent de l'oeuvre l'or vulgaire qu'ils disent mort & sans vie, ce qui est très vrai. Cependant; si de ce caillou froid & glacé nous tirons de la flamme & du feu, nous reconnaî-trons peut-être, comme l'a dit Augurel: Que la semence de l'or est dans l'or, quoiqu'elle y soit profondément cachée, & que nous ne puissions l'en tirer que par un long travail.

XXII

Observez qu'avec un morceau de la chair des animaux, & qu'avec les feuilles des plantes, il est impossible de reproduire l'espèce animale ou l'espèce végétale, il en est de même de la matière des métaux. Vous conclurez de là que pour multiplier l'espèce des différents êtres qui existent dans la Nature, il faut nécessairement recourir à leurs semences propres, & en séparer les superfluités en leur conservant les formes qu'elles ont reçues primitivement des mains du Créateur, car nous rejetions les feuilles, les troncs, les chairs, la moelle, les os, les membranes, &c., quoi que toutes ces choses aient servi d'instrument pour produire cet astre central & vivifiant, qui est le vrai conservateur de l'espèce soit végétale, soit animale. Vous devez vous conduire de même pour les métaux.

XXIII

Vous remplirez pleinement cet objet, si vous réduirez le Soleil en Soufre & en Mercure, qui sont sa première matière on substance, ou ce qui est la même chose, si par le moyen de notre

Mercure & par un artifice secret, *mais connu des Philosophes*, vous ramenez le Soleil à l'état dans lequel il avait été premièrement mis par la Nature, c'est-à-dire, si vous le réduirez en un corps très brillant & diaphane. Pour éclaircir davantage ce point, je citerai les deux maximes suivantes qui le mettent dans tout son jour. Elles sont prises dans le livre de Paracelse, de la Généalogie des Minéraux, c.21. Ce Philosophe y enseigne la production de l'Or, & en expose la première matière avec plus de clarté qu'on ne l'ait encore fait jusqu'à ce jour; mais quoique cette matière soit vraiment la première, elle est cependant la dernière dans la réduction qui se fait par le moyen de notre Mercure.

XXIV

L'Or est engendré du Soufre le plus pur, parfaitement sublimé par la Nature, délivré de toutes ses fèces & de toutes ses immondices, & élevé à une si grande transparence qu'aucun corps entre les métaux ne peut monter à un plus haut degré de pureté. Ce Soufre est une partie de la première matière de l'Or. Les Alchimistes seraient en droit de se livrer à la joie, s'ils avaient su se le procurer tel qu'on peut le trouver en effet, lorsqu'on le cherche dans sa propre racine ou sur l'arbre qui le porte ; car il est le vrai Soufre des Philosophes, dont se fait l'Or, & il ne faut pas le confondre avec cet autre soufre qui donne naissance au fer & au cuivre. Celui-ci n'est qu'une partie infiniment petite de l'autre, qui est son Universel.

XXV

Son Mercure est pareillement séparé & parfaitement purgé de toute superfluité terrestre & accidentelle par les soins de la Nature, qui opère à part sur la partie mercurielle, & la revêt d'une transparence & d'un éclat extraordinaires ; c'est là le Mercure des Philosophes, & la seconde partie de la première matière de l'Or ; laquelle, de même que la semence des roses produit les roses, doit donner naissance à un Or d'une pureté extrême pareille à celle du cristal ; à un Or purifié & dégagé de toute âcreté & âpreté du sel, de toute aigreur, aluminosité & vitriolité, en un mot de tout vice & de toute matière hétérogène ; à un Or d'une transparence éclatante & tout rayonnant de lumière.

XXVI

N'allez pas cependant imaginer que vous devez tirer la teinture, ou âme, ou soufre de l'or, par une infinité d'extractions, ou plutôt d'illusions, à la manière des Sophistes, & croire faussement avec eux qu'il faut ensuite conjoindre cette teinture ou âme avec les autres corps imparfaits. Ayez encore moins de confiance à ceux qui emploient des moyens & des opérations admirables pour extraire le Mercure de l'Or, qu'ils mêlent ensuite ou au Mercure de la Lune extrait de la même manière, ou au Soufre de l'Or, ou simplement à l'Or cru; car le Soufre & le Mercure de l'Or doivent rester ensemble dans le corps qui a été dissous par notre Mercure. C'est pourquoi la teinture couleur de rose annonce & fait connaître le Soufre du Soleil, & sa substance cristalline & diaphane est l'indice du Mercure: car ce qui est caché doit être rendu visible & manifeste, & ne peut & ne doit le devenir par aucune voie au monde autre que celle de notre Mercure.

De la Femelle.

XXVII

Nous avons dit que les parties volatiles de notre oeuvre avaient la nature de la femelle, Elles sont désignées dans notre sceau par le caractère lunaire. Car, comme le Soleil & la Lune se contemplent mutuellement & sans cesse, de manière que le Soleil distille ses influences dans le sein de la Lune avant qu'elles descendent dans ce monde inférieur, de même les parties fixes de notre Mercure exercent un amour ou sympathie magnétique envers les parties volatiles de la même racine. Elles les embrassent avec bénignité, reçoivent dans leur sein les vertus séminales, les échauffent & les mûrissent pour les reverser ensuite sur les corps sublunaires.

XXVIII

Mais avant que de couronner la chasteté de leur amour & de les admettre au lit conjugal, il faut les purger soigneusement de tout péché, tant originel qu'actuel, sans quoi il ne résisterait de leur union que des fruits impurs & lépreux. Préparezleur donc un bain doux, dans lequel vous les laverez chacun en particulier, car la femelle, moins forte & moins vigoureuse, ne pourrait pas supporter l'acrimonie d'un bain aussi violent que celui du mâle ; elle serait infailliblement détruite. C'est avec le Stibium que vous préparerez le bain du mâle, car tous les Poètes ont feint que Vulcain lavait Phœbus dans le Stibium. Quant au bain de la femelle, Saturne vous enseignera quel il doit être.

XXIX

Après que la main de l'habile Artiste aura ainsi purifié chacun de ces deux principes, prenez-les chacun à part, & disposez-les à la propagation de leur espèce. Pour cet effet, dissolvez heureusement le mâle dans l'estomac de l'Autruche naissante en terre, fortifié par la vertu âcre & pénétrante de l'Aigle, & lorsque la solution lui aura fait rendre ses fleurs, n'oubliez pas de le délivrer de l'acrimonie qu'il a contractée dans sa jonction avec l'Aigle, & des impuretés qu'il contient & que la solution philosophique peut seule faire paraître.

XXX

Vous n'avez besoin, pour la solution de la femelle, que du simple estomac d'Autruche, & vous savez la traiter par les circulations de son mouvement naturel, elle se changera en une eau visqueuse, qui est la vraie matrice, la terre vivante & feuilletée, dans laquelle il faut semer notre Or. C'est pourquoi les Philosophes ont dit avec raison que tout ce qui est nécessaire pour notre oeuvre, se réduit à l'eau visqueuse mariée à son soufre. De ces deux substances se compose le Mercure des Philosophes.

XXXI

Faites pourtant attention aux poids de la Nature ; car la Sagesse divine, en suspendant les fondements de la terre dans l'espace, a donné ses lois aux eaux, & à balance les fontaines qui fournissent ces eaux. Sachez que les éléments, & en général les substances de cet univers, loin d'être livrées à la contrariété, sont plutôt douées d'une sympathie ou concordance qui les attire les unes vers les autres. Sans cela les parties supérieures se précipiteraient bientôt sur les inférieures ; celles-ci s'élèveraient aussi contre les supérieures, & il n'y aurait plus d'espérance de voir renaître la paix. Mais toutes choses seraient dans le cas d'attendre un sabbat universel, si après avoir été privées de leur esprit vital, & les liens de la concorde étant rompus, elles étaient réduites ou ramenées à leur premier chaos.

XXXII

Il faut donner l'attention la plus entière à l'accord ou concordance des éléments pour parvenir au poids de la Nature. Sans quoi vous noierez vos matières par une surabondance d'eau, ou vous les laisserez dans une extrême sécheresse, en mettant trop de terre ; ou bien la surabondance du soufre ou feu occasionnera de l'excès dans la teinture, ou le défaut d'air sera cause de sa faiblesse. Que la Nature prudente soit donc la maîtresse de l'oeuvre ; lorsqu'elle donne les poids elle-même, elle distribue tout avec sagesse, tant dans la fabrique du grand monde que dans celle de notre oeuvre secrète, qui n'est qu'une imitation & une ressemblance de l'autre.

XXXIII

Les Sophistes ont cru que le poids de la Nature était indiqué & déterminé par la quantité de matière que le Mercure peut dissoudre ; ce qui répugne à la Nature & à l'oeuvre. Car dans les solutions philosophiques ; le Mercure qui fait les fonctions de menstrue étant un dissolvant universel, tout est dissout, pur ou impur, de manière qu'il n'est guère possible de distinguer ce qui a été dissout bien ou mal à propos, à moins de connaître le poids de la Nature, tant par rapport à la substance que par rapport à sa manière d'opérer. Le mieux serait donc de faire attention aux parties du dissolvant, soit fixes, soit volatiles que la matière dissoute peut retenir avec elle en dissolution, & de tâcher de bien apprécier le terme de la Nature, qui consiste en ce que le dissolvant ne se sépare plus de la partie dissoute.

Du Mariage.

XXXIV

Dans l'Astronomie supérieure, la maison du Soleil est voisine de celle de la Lune ; car la

Nature a voulu que la maison de la Lune fût dans le Cancer, & celle du Soleil dans le Lion ; que l'exaltation de la Lune se fît dans le Taureau, & l'exaltation du Soleil dans le Bélier[3]. Il lui a sans doute paru plus convenable de propager & perpétuer l'une & l'autre famille, au moyen de

---

3   L'Astrologie, dont les anciens Auteurs Alchimiques ont souvent emprunté le langage, divisait le Ciel en douze parties auxquelles elle donnait le nom de Maisons. Elle assignait à chacune des planètes deux de ces maisons, excepté au Soleil & à la Lune, qui en avaient seulement une chacun. Et elle supposait que les planètes parvenues à la maison ou aux maisons qui leur étaient particulièrement assignées, exerçaient plus fortement leur action sur les corps sublunaires, & répandaient sur eux avec plus de profusion leurs influences, soit bonnes, soit mauvaises. La maison du Soleil était dans le signe du Lion ; la maison de la Lune dans celle du Cancer ; la première maison de Saturne dans le Capricorne, la seconde dans le Verseau ; la première maison de Mercure dans les Gémeaux, la seconde dans la Vierge, &c.

L'Astrologie supposait encore qu'il y avait certains degrés du Zodiaque ou chaque planète acquérait une dignité qui lui donnait plus d'influence, d'efficace & de vertu, & c'est ce qu'elle appelait l'Exaltation de la planète. Le point opposé du zodiaque était sa Déjection. L'exaltation du Soleil était au dix-neuvième degré du Bélier, & sa déjection dans la Balance ; l'exaltation de la Lune était dans le Taureau, sa déjection dans le Scorpion ; l'exaltation de Jupiter au 45e degré du Cancer, &c.

parents ou de concitoyens, que par l'alliance de familles éloignées & étrangères, discordantes entre elles sinon dans leur espèce, du moins dans leurs moeurs, leurs inclinations & leurs qualités. Car moins il y a de distance dans la parenté, la patrie & l'air que ces deux êtres respirent, & plus il y a d'amour entre l'un & l'autre. Les choses se passent absolument de la même manière dans l'Astronomie inférieure de notre oeuvre, dans laquelle on conjoint le Soleil inférieur avec la Lune inférieure.

XXXV

Le Soleil & la Lune sont donc nécessaires pour la composition de notre Mercure : ou plutôt disons avec Paracelse que la composition de cette Pierre sacrée & Adamique se fait du Mercure adamique des Sages & de leur Evene [4], qui est la femme, par le mariage & l'union d'un premier & d'un second Mercure qui en produisent un troisième. Que les Sophistes viennent ici, & qu'ils me répondent : je leur demande pourquoi ils

---

4   Evene. C'est sans doute ici on mot de l'invention de Paracelse, qui aurait pu tout aussi bien mettre EVE qu'EVENNE.

mettent en oeuvre un principe unique & individuel, & non pas deux? Les Philosophes n'ont-ils pas dit que la matière était une, c'est-à-dire, une en espèce, c'est ainsi que l'homme & la femme, relativement à leur multiplication, ne sont qu'un en espèce, mais sont réellement deux, quant au sexe & à l'individualité.

XXXVI

Il faut donc nécessairement deux substances (mais deux substances qui ne soient pas contraires ou répugnantes dans leur espèce), afin que par la communication intime de leurs qualités, il s'établisse une action entre elles : car l'oeuvre de la génération ne peut s'accomplir que par le moyen d'une action : or il n'y a point d'action dans une matière unique, puisqu'il n'y a pas d'agent qui agisse sur lui-même ou qui puisse engendrer seul, & sans le concours de quelque autre sujet avec lequel il a besoin d'agir de concert. C'est pour cette raison que les Pythagoriciens avaient établi le principe de la discorde dans la dualité ; car le sec agit sur l'humide, le froid sur le chaud, & réciproquement l'humide agit contre le sec, & le chaud contre le froid.

XXXVII

Quoiqu'il y ait toujours deux principes dans l'oeuvre, il ne faut pas conclure de là que cette dualité soit toujours sujette aux dissensions, & que nos deux principes se feront une guerre éternelle[5], l'Archée interne de la Nature, porte, pour ainsi dire, dans son sein, un principe secret d'union & de concorde qui conduit ces deux matières à un autre état, & en fait comme un troisième être ou une substance nouvelle. Tel est le changement qui s'opère dès que l'union & la paix sont rétablies entre elles ; & c'est ce qui a fait dire à Raymond Lulle avec grande raison, que l'eau a la fin rentrait en grâce & s'accordait avec le feu.

---

5   *Archée*. Les anciens Chimistes donnaient ce nom à un certain esprit universel répandu partout, qu'ils croyaient la cause de tous les effets de la Nature, & qu'ils appelaient l'âme du monde. D'autres appelaient l'Archée, le Vulcain & la chaleur de la terre, & ils croyaient que c'était un feu central destiné par l'Auteur de la Nature, à cuire les métaux & minéraux, & à être le principe de la vie des végétaux.

XXXVIII

Mais avant que ces deux principes s'unissent ainsi d'une manière effective & formelle, elles exigent une espèce d'union matérielle, ou plutôt un mélange qui doit être fait avec un certain poids. Au reste il ne s'agit pas ici des poids de la Nature, dont j'ai parlé plus haut, mais de ceux de l'Art, & quoique le poids de la Nature, relativement à l'intention, précède le poids de l'Art, cependant du côté de l'exécution, il lui est postérieur, car le premier, dans l'intention, *c'est-à-dire, celui qu'on a principalement en vue à cause de son importance*, est le dernier dans l'exécution.

XXXIX

Ce mélange des deux principes, cette oeuvre composée & accomplie dans tous ses nombres & tous ses poids, exige une main adroite & un esprit industrieux de la part de l'Artiste. Si vous vous y prenez comme il convient, il résultera du sang rouge du Lion, & de la glu de l'Aigle, un limon visqueux. C'est ainsi que la semence jetée dans une terre convenable, se change en limon au moyen de la corruption occasionnée par l'ac-

tion que la chaleur supérieure des astres & la chaleur inférieure de l'éther exercent sur l'humidité
terrestre.

XL

Ce limon est une terre vile, mais spécifiée &
du plus grand prix ; elle est cependant abjecte &
méprisée, parce que pour parvenir à la production admirable de ce grand Roi, il est nécessaire
que les principes qui ont produit ce limon, c'est-
à-dire, ses père & mère, meurent ; ce qui a fait
dire au sage Hermès que notre Pierre était un or-
phelin qui survivait à ses parents, en effet, si ses
parents ne mouraient pas, cette rare production
ne verrait jamais le jour. On l'a comparée avec
assez de raison au phoenix, qui est unique dans
son genre, ou pour mieux dire, c'est le phoenix
lui-même ; dont les cendres (toute fable à part)
donnent naissance à un nouveau poulet.

XLI

La matière mise en mouvement par une
chaleur convenable commence à devenir noire :
cette couleur est la clé & le commencement de

l'oeuvre, c'est en elle que toutes les autres couleurs, la blanche, la jaune & la rouge sont comprises & sont aperçues ; c'est d'elle qu'elles tirent leur origine. Paracelse, dans son Livre des Images, les a toutes mises sous les yeux du Lecteur sans aucun déguisement.

XLII

Quoiqu'il y ait, dit-il, quelques couleurs élémentaires, car la couleur azurée appartient particulièrement à la terre, la verte à l'eau, la jaune à l'air, la rouge au feu, cependant les couleurs blanche & noire se rapportent directement à l'art spagyrique, dans lequel on trouve aussi les quatre couleurs primitives, savoir, le noir, le blanc, le jaune & le rouge. Or le noir est la racine & l'origine des autres couleurs, car toute matière noire peut être réverbérée pendant le temps qui lui est nécessaire, de manière que les trois autres couleurs paraîtront successivement & chacune à son tour. La couleur blanche succède à la noire, la jaune à la blanche, & la rouge à la jaune. Or toute matière parvenue à la quatrième couleur au moyen de la réverbération, est la teinture des choses de son genre, c'est-à-dire, de sa nature.

XLIII

C'est ainsi qu'une plante après l'hiver & aux approches du printemps, ne se montre point encore, elle a sa racine cachée dans le sein de la terre, elle est noire, toute aride & informe. Mais dès que la chaleur du Soleil a déterminé sa végétation, elle prend un faible accroissement, se développe insensiblement, & bientôt par la réverbération que les ardeurs de l'été lui font éprouver, elle reçoit successivement les quatre couleurs principales. La racine produit donc premièrement une herbe tendre, cette herbe donne une fleur, enfin de cette fleur il sort une semence : or c'est la semence qui est la teinture & la quintessence de cette herbe.

XLIV

Quelquefois le vase vous paraîtra comme doré, c'est là un indice de la mixtion du sperme du Soufre avec le menstrue du Mercure & de l'altération mutuelle que chacune de ces deux substances reçoit de l'autre. Au reste, lorsque le jardin philosophique est en fleurs, on y voit briller différentes couleurs qu'on a comparées à celles de la queue du paon dont elles imitent la variété & la magnificence. Ce spectacle agréable dure tant que les parties humides sont en guerre avec les sèches, & que réciproquement les sèches se battent avec les humides; car lorsque la blancheur est survenue, la paix est déjà faite entre les éléments.

XLV

Lorsque la blancheur est parvenue à son degré de fixité & à la sublimité ou perfection qu'elle acquiert par une certaine fermentation connue des Philosophes, vous avez une teinture pour les quatre corps inférieurs, & une médecine qui extirpera radicalement les maladies de son genre, quelque fixité qu'elles aient acquis dans les corps humains; car le blanc & le rouge proviennent du même Mercure, & Adam contient & renferme dans son sein sa femme Evene, qui sort de son flanc & devient visible par la vertu du premier Archée.

XLVI

Ensuite cette même blancheur avançant peu à peu vers une excellence & une perfection ultérieure, se revêt d'un habit jaune ; elle se change enfin en une teinture très parfaite & très rouge ; après quoi elle reste dans cet état sans pouvoir monter à un plus haut degré de perfection. C'est alors la sublimité de l'oeuvre & de tout l'Art, le baume perpétuel, l'huile incombustible, le trésor incomparable, la joie de la Philosophie ; c'est le fils très parfait de la Nature, qui se fait gloire de l'avoir enfanté, ne pouvant rien produire de plus noble, disons mieux, si l'on en excepte la seule âme raisonnable, il ne peut rien naître au monde de comparable à cette substance qui embrasse & comprend en elle les vertus & les perfections de tous les êtres supérieurs & inférieurs.

XLVII

Lorsque vous serez arrivé à cette rougeur & que vous serez en possession de la production la plus parfaite de la Nature, n'oubliez & ne négligez pas de la nourrir souvent de son propre lait. Donnez-lui ensuite un aliment plus solide ; la Nature vous enseigne que l'on traite de même tous les corps vivants, c'est par ces milieux ou moyens que cette production merveilleuse reçoit par degrés toute la force dont sa constitution est susceptible, jusqu'à ce qu'enfin elle est en état de subjuguer les ennemis qui cherchent à la détruire, & de multiplier à l'infini les individus de son espèce. Car dans tout ce qui respire, la génération conserve l'espèce de même que la nutrition conserve l'individu. La fermentation & la projection produisent le même effet dans notre oeuvre : la première est la nutrition de la pierre, l'autre tient lieu de la génération.

XLVIII

Notre pierre ne doit prendre aucun aliment qui lui soit étranger, ainsi il faut la nourrir de son propre lait, en lui conservant soigneusement son tempérament, tant de la part du poids, que quant a la qualité de la nourriture qu'il est juste de lui donner, & prendre garde à tous égards qu'elle ne souffre aucun dommage. Nous voyons en effet que les bois, les métaux & autres choses semblables, lorsqu'ils restent longtemps ensevelis dans le sein de la terre, se pétrifient en conservant extérieurement leur première forme, parce qu'ils acquièrent un autre tempérament *ou constitution*, en le nourrissant d'un aliment étranger, d'un aliment en quelque sorte contraire à leur Nature.

XLIX

N'oublions pas cependant d'observer qu'il y a deux espèces de fermentation. L'une regarde la qualité & l'autre la quantité. Pour la première, il faut observer la proportion géométrique ; & dans la seconde, la proportion arithmétique. Celle-là est différemment uniforme, & celle-ci uniformément difforme. L'une procède de la chose dissoute, & l'autre de la chose congelée par la voie de la Nature, enfin dans la première, si vous n'observez pas exactement la proportion des poids, vous tenterez inutilement d'exécuter l'oeuvre ; votre compost éprouverait le sort de ceux dont la chaleur naturelle est absorbée & suffoquée par un excès de nourriture, ou de ceux qui, faute d'aliment, meurent d'inanition.

L

La fermentation, selon la quantité, suppose l'autre qui agit sur la qualité, & la circonscrit dans certaines limites. Par exemple, si votre médecine a acquis par la fermentation la vertu de teindre dix parties, ou cent, ou mille, la fermentation en quantité sera déterminée à ce même degré, c'est-à-dire, qu'elle ne pourra teindre que dix, ou cent, ou mille parties d'un métal inférieur, ni plus, ni moins. Cependant toutes les parties de la masse deviendront *de même force* & homogènes à celles de la teinture dissoute. Ce qui donne un grand avantage & un grand profit.

LI

L'espace de temps que demande la fermentation selon la qualité, est déterminée par la circulation convenable à la nature de son Mercure, dans lequel & *par lequel* s'achève la répétition de toute l'oeuvre, qui ne consiste que dans la solution & la coagulation. Dissolvez donc & coagulez autant de fois qu'il vous plaira, & vous aurez une médecine accomplie & parfaite tant pour le genre animal que pour le végétal, elle demande seulement que vous observiez les règles que je vous donnerai ci-après. Ayez soin d'ailleurs de suivre absolument la même méthode pour la fermentation, soit au blanc, soit au rouge, & nourrissez séparément chaque matière de son propre lait.

LII

La chose ne se passe pas de même dans la fermentation, selon la quantité, savoir lorsque la partie coagulée se joint avec le corps solide, car il ne faut que trois circulations de son soufre pour achever & accomplir son mouvement, ce qui n'est pas sans mystère. En effet, l'homme ne prit naissance dans le sein de la terre, que le troisième jour après la création du Soleil; parce qu'il était convenable que le Soleil, comme précurseur, embellît & remplît de sa chaleur vivifiante & de ses influences salutaires, la demeure royale de l'homme, avant que ce gouverneur & cet habitant de l'Univers sortît du limon dont il était formé. Cet ouvrage (dont j'ai suffisamment parlé), & par lequel le Mercure reçoit la teinture, sans quoi il ne teindrait pas, fut appelle par les Anciens l'oeuvre de trois Jours.

LIII

Venons aux règles que j'ai promises plus haut sur l'usage de la Médecine, 1° Il faut purger le corps de toutes obstructions, du moins autant qu'on le peut, & prendre ensuite de cette médecine en très petite quantité, de peur que ce feu céleste, qui est doué d'une activité éminente, n'agisse avec trop d'impétuosité & de force sur la faible étincelle qui nous anime. 2° Si la maladie est à la circonférence, il faut faire précéder quelques préparatifs, qui ayant une tendance naturelle vers cette circonférence, puisse laisser après lui quelques vertus attractives qui appellent ou attirent la médecine vers la partie malade. 3° Si le siège de la maladie est dans le centre, il faudra mêler la médecine avec quelque véhicule convenable, car par ce moyen on la détermine plus facilement à se porter vers la partie affectée, & comme ce qui est bon est toujours d'accord avec la Nature, celles qui ne sont pas affectées n'en reçoivent aucun dommage.

LIV

Parmi les remèdes préparatifs qui peuvent disposer les corps vivants à la susception de cette suprême médecine (car l'introduction de la forme suppose que la matière est convenablement préparée); l'arcane corallin remporte facilement la palme. Ce remède immortel n'a pas été inconnu aux Anciens, mais sa préparation, de même que celle du grand oeuvre, a été mise dans un meilleur ordre, & abrégée par Paracelse. Et quoique plusieurs Auteurs l'aient fait connaître au Public, ils en ont toujours tronqué & mutilé la recette, au point que je n'en connais aucun qui l'ait entièrement révélée avec sincérité. La franchise avec laquelle j'ai exposé les autres secrets de notre science, m'engage à consacrer aussi à la postérité ce précieux trésor sans aucun détour & en paroles claires & expresses ; elle verra par-là qu'en toutes choses je n'ai écouté que la voix de son intérêt.

ARCANE CORALLIN.

LV

Prenez du Mercure natif, purgez-le de sa noirceur par l'esprit de vin, en l'agitant jusqu'à ce qu'il ait pris une couleur azurée. Sur huit onces de mercure, mettez autant d'esprit de nitre rectifié plusieurs fois & délivré de son flegme ; établissez la solution dans un matras que vous mettrez au feu de sable, jusqu'à ce que le mercure se précipite de lui-même en cristaux blancs. Faites bouillir continuellement, jusqu'à ce que tout l'esprit soit évaporé, & mettez à refroidir le tout pendant vingt-quatre heures. Vous trouverez dans votre matras une masse blanche, que vous réduirez en poudre très fine; & vous répéterez jusqu'à trois fois cette opération. La dernière fois il faudra enlever tout l'esprit de manière que la matière reste sèche; vous aurez au fonds le mercure, qui aura la couleur du pavot champêtre, & vous le pourrez calciner doucement. Vous réduirez ce mercure rouge en une huile excellente, très douce, & d'un parfum admirable; de la manière qui suit: Ayez de l'esprit de vin parfaitement purifié de tout phlegme, & imbibez-en la matière, qui prendra la forme d'une pâte, versez-en jusqu'à ce que l'esprit de vin surnage de trois doigts. Enfermez ce mélange dans un vase de terre hermétiquement scellé, & laissez-le se putréfier pendant un mois philosophique dans le ventre de cheval ou dans son vicaire[6]. Au bout de ce temps, la ma-

---

6   Le *Ventre de cheval* est la chaleur tempérée du fumier, & par *son vicaire*, il ne faut entendre autre chose qu'un fourneau dans lequel on entretient une chaleur pareille à celle du fumier, ou qui soutient constamment le thermomètre de M. de Réaumur à environ 32 degrés. Ce même degré est à-peu-près celui de la chaleur animale, c'est celui de la poule qui couve, c'est celui qui fait éclore les oeufs de presque tous les oiseaux.

tière se changera en une liqueur mucilagineuse ou huile. Lorsque vous verrez ce signe, décantez doucement l'esprit de vin, filtrez l'huile au travers d'un papier, & lorsque vous en aurez chassé tout le phlegme par un feu de bain très modéré, vous aurez au fonds une huile très blanche & très douce. Mettez-la dans une retorte que vous pousserez par un feu de sable gradué, cette huile montera sous la forme d'une liqueur blanche & laiteuse, elle ne sortira pas toute cependant ; mais il y aura quelques parties de mercure qui se sublimeront, & que vous rejoindrez à l'huile ; & vous distillerez de même au bain de sable. Le tout se convertira ainsi en une huile très pesante, très douce & d'une odeur extrêmement parfumée.

Prenez cinq onces de cette huile, & demi-once d'or parfaitement purifié par le cinabre & le mercure. Mêlez-les dans un matras lutté hermétiquement, que vous mettrez pendant huit jours à la chaleur de la putréfaction ou au bain de cendres. Vous en extrairez ensuite par distillation une teinture de soleil, rouge comme du sang, & il vous restera au fonds le corps du Soleil tout blanc, (c'est-à-dire, une Lune blanche & fixe, qui reprendra la couleur d'or si vous la traitez par l'antimoine). Ce soufre du Soleil enfermé dans un vase hermétiquement scellé & mis dans l'athanor à une chaleur douce & continuelle, se coagulera sous forme de pierre rouge, laquelle se résoudra de nouveau en huile par déliquescence. Otez les fèces, coagulez encore cette huile de la même manière, & répétez Jusqu'à trois fois la même opération.

La dose est depuis un demi-grain jusqu'à un grain, que l'on prendra dans un véhicule convenable, tel que l'extrait de thériaque avec la poudre de réglisse, pour lui donner la consistance de pilules, & l'on boira par-dessus un coup soit de vin, soit de quelque eau spécifique. On répétera la même dose autant de fois que la maladie le demandera, le mieux cependant sera de s'en rapporter à la prudence de quelque habile Médecin. Je viens de déclarer aux Disciples de la Science, en termes précis & très clairs, ce grand arcane, dont le mérite est tel qu'on ne saurait jamais assez le célébrer. Il a été connu par des personnes graves & très savantes qui, je ne sais pour quelle raison, n'ont pas voulu en faire-part au public. Paracelse avait coutume de l'appeler Elixir de vie, Thériaque des métaux, Laudanum mercuriel ou métallique. Mais revenons à notre objet.

LVI

Nous venons de voir que les corps vivants doivent être préparés avant de prendre cette médecine, lorsqu'elle a été déterminée pour leur usage. Il en est de même des corps métalliques, lorsque la médecine a été déterminée pour eux ; ils exigent une préparation préliminaire avant qu'on l'emploie pour leur amélioration. Car les Philosophes veulent que l'on anime auparavant les métaux inférieurs, de peur que si l'effet de la teinture vient à éprouver quelque retard, le corps ne soit brûlé & consumé entièrement ou du moins en partie, ou que la teinture ne s'envole avant de l'avoir pénétré. Or on anime les métaux en les mêlant avec la Lune, car comme dans l'Astronomie supérieure la Lune reçoit *les rayons* & les influences du Soleil avant que de les réfléchir dans les corps élémentaires, de même dans l'Astronomie inférieure la teinture du Soleil n'a l'ingrès, *c'est-à-dire, la faculté de pénétrer les corps*, que par le moyen de la Lune ; ce qui a été cause que beaucoup d'Artistes ont été trompés en voulant faire la projection. Ce mélange de la Lune produit le même effet sur les métaux inférieurs, que l'engrais sur les terres, qui suivant le degré de leur bonté, rendent la semence qu'on leur a confiée, les unes au décuple, les autres au cen-tuple, &c. Ainsi examinez quelle espèce de Lune vous devez employer, sera-ce la Lune métal-lique, ou faut-il prendre ici le mot de la Lune métaphoriquement? Vous apprendrez dans les Philosophes la quantité précise qui doit en entrer dans le mélange, ou plutôt la Philosophie elle-même vous l'enseignera.

Du Feu.

LVII

Notre oeuvre demande deux espèces de feux, l'un interne & l'autre externe. Ils doivent se cor-respondre l'un à l'autre de manière que l'externe ne surpasse pas l'interne. Le feu interne est une liqueur éthérée, ou un nectar mercuriel qui vivi-fie, conserve & nourrit la matière dans le vase, & qui la conduit au terme complet de sa per-fection. Il n'est mis en mouvement que par le feu externe, & si celui-ci est lent & trop faible, le feu interne reste dans l'inaction & ne produit rien, comme on le voit dans les semences que l'on jette en terre pendant l'hiver, elles ne peuvent pas germer, parce que la chaleur extérieure du Soleil ne réveille pas leur chaleur intérieure. Mais si ce feu externe est trop fort, le vase se casse, ou la matière se brûle, c'est ce qui arrive ordinairement aux grains que l'on sème pendant les chaleurs de la canicule, ou aux oeufs qui se cuisent à une chaleur violente, au lieu qu'ils produisent un poulet, si on les entretient dans une chaleur douce & tempérée : cela vient de ce que les idées & les formes, disons plutôt les vertus & les esprits vitaux, qui sont tendrement enveloppés dans le centre même de l'oeuf, se développent aisément à la douce impression de la chaleur qui leur est naturelle, & périssent ou se dissipent avec la même facilité s'ils sont exposés à l'action violente & destructive du feu extérieur.

LVIII

C'est donc ainsi que ce feu extérieur, moteur de tout notre oeuvre, fait les fonctions du Soleil du Macrocosme ou grand monde, & opère de même que lui. Il incite & met en mouvement les esprits métalliques que notre terre renferme dans son sein, & lorsqu'une fois ils sont en action, la femme dissout le mari, & elle en est fécondée à son tour. L'indice de cette fécondation est cet Aleph *ou commencement* ténébreux que les Anciens ont appellé tête de corbeau. Lorsque la femme est devenue ensuite plus robuste, elle ne craint pas de lutter avec son mari, c'est alors que la terre du jardin des Philosophes commence à fleurir. Ici la Nature produit une rose extrêmement blanche, qui prend après cela une couleur de souci, & se change à la fin en immortelle amaranthe.

LIX

Mais si vous voulez une méthode sûre pour obliger ce feu externe à mettre la matière en mouvement sans aucun danger, ne croyez pas que tous les fourneaux, quelle que soit leur forme, soient propres à ce feu, il lui en faut un qui ressemble par sa structure, à cet Univers, afin qu'il puisse d'autant mieux imiter l'action & l'effet du Soleil, dont il doit remplir les fonctions, *comme nous l'avons déjà dit.* Livrez-vous tant qu'il vous plaira à de belles spéculations, si l'action de votre feu ne passe pas par quelque milieu éthéré, c'est-à-dire, vaporeux, vous ne parviendrez point au but de vos désirs. De-là vient que le Trévisan se plaint d'avoir essayé tout au commencement d'opérer avec la chaleur du fumier, &c., mais que le défaut d'un milieu avait rendu sa tentative inutile.

LX

Pour procurer à notre oeuvre le degré de chaleur qu'il demande, & qui est capable d'exciter le feu interne, plusieurs ont employé la lampe à huile, d'autres seulement des cendres chaudes, & d'autres ont mis leur vase immédiatement sur les charbons. On en a vu aussi qui l'ont enfermé dans une capsule de bois faite en forme d'oeuf, & l'ont ainsi exposé à la vapeur de l'eau chaude. D'autres enfin se livrant à leurs idées & aux caprices de leur cerveau, ont imaginé à leur propre préjudice d'autres moyens remplis d'art & tout aussi dangereux que dispendieux. Ils n'ont compris ni la fontaine ni la méthode du Trévisan, que l'on doit suivre en effet, mais quoique altérés, quoique brûlants de soif, ils se sont éloignés de sa véritable source, *qu'ils n'ont pas eu l'esprit de reconnaître*.

LXI

La doctrine que j'ai exposée assez clairement dans les canons qui précèdent, demande une explication ultérieure des vases. Elle sera d'autant moins déplacée que du bon ou du mauvais usage que l'Artiste saura en faire, peut dépendre la bonne ou la mauvaise issue de ses travaux. Passant donc sous silence les vases de la première opération, qui exige un vrai travail d'Hercule, je puis vous assurer qu'il n'est besoin que de deux vases, c'est de ces deux vases dont les Philosophes ont tant parlé, & avec lesquels ils ont coutume d'achever cet oeuvre. Le premier est appelle le vase de l'Art, & le second, le vase de la Nature.

XLII

Le vase de l'Art est l'oeuf philosophique, qui est fait d'un verre très pur, de forme ovale, ayant le cou de longueur moyenne ; il faut que la partie supérieure du cou puisse être scellée hermétiquement, & que la capacité de l'oeuf soit telle que la matière qu'on y mettra, n'en remplisse que le quart ; car cette matière doit avoir assez d'espace pour circuler librement, parce que cette rosée mercurielle, animée & mise en mouvement par la chaleur extérieure, monte & descend successivement, & c'est par le moyen de cette révolution oblique que s'opèrent les sublimations, les imbibitions, les arrosements, les précipitations, les cohobations, les séparations des éléments, les digestions, &c., sur lesquelles les Philosophes ont écrit des chapitres particuliers, pour jeter les Sophistes dans l'erreur, car toutes ces opérations ne se font pas dans différents vases, mais dans un seul & par un feu simple.

LXIII

Que l'on prenne garde cependant que le vase ne soit plus grand qu'il ne convient, car le Mercure balsamique qui monte & s'élève dans le vase pour s'y convertir en une rosée extrêmement douce, aurait alors un mouvement trop lent, perdrait beaucoup de ses esprits, & n'arroserait pas suffisamment notre terre, ce qui serait cause que cette même terre, aride, altérée, s'entrouvrant de sécheresse, n'aurait pas la force de faire éclore son germe. Si le vase au contraire était trop petit, les esprits & la matière ne pourraient pas suffisamment s'étendre, s'épanouir, se dilater, & se trouvant renfermés dans une prison trop étroite, ils feraient éclater le vase, mais quand même il résisterait à leurs efforts, *la Nature contrainte & comme enchaînée*, refuserait la végétation à notre plante minérale, comme nous voyons qu'il arrive à la semence qui est recouverte par du bois ou par des pierres.

LXIV

De plus ayez grande attention que le vase soit si bien scellé que l'air extérieur ne puisse nulle-ment y pénétrer, & que les esprits intérieurs de la pierre qui sont extrêmement subtils, ne trou-vent aucune issue ; sans quoi les vertus *renfermées* & cachées dans la matière, se trouvant privées de leur propre esprit, resteront sans action au fond du vase, semblables à des cadavres sans âme & sans vie. Prenez l'oeuf pour exemple ; si sa co-que est endommagée par le moindre trou, par la moindre fêlure, ce sera en vain que la poule lui communiquera cette chaleur douce & continue, qui est si convenable au développement de son germe ; il n'en sortira jamais de poulet. De même si votre vase est cassé, si l'air y trouve le moindre passage, vous n'avez aucun succès à espérer pour votre oeuvre.

LXV

Quant au vase interne ou vase de la nature, que quelques-uns appellent la matrice de notre Soufre, c'est une graisse mercurielle, humide, qui par sa viscosité retient, enchaîne & tempère la chaleur intérieure du Soufre, l'empêche d'être brûlé, & lui donne une fluidité très douce, sans laquelle il se durcirait trop, à cause de la fixité naturelle de son corps. Nous voyons en effet que les semences jetées sur des rochers, non seulement ne produisent rien, mais se durcissent & se dessèchent, parce qu'il leur manque une matrice qui leur fournisse cette humidité visqueuse & mercurielle ; qui est si nécessaire au développement de leurs vertus.

LXVI

Après que tout cela aura été fait suivant l'usage, vous n'aurez plus qu'à recueillir la moisson philosophique. J'entends parler des projections dont les Philosophes ont décrit la méthode d'une manière si claire, que je crois devoir les passer ici sous silence, comme ne présentant aucune difficulté. Disons mieux, les moissons & leurs fruits,

lorsqu'ils sont parvenus à leur automne, ne tom-
bent-ils pas comme d'eux-mêmes dans les mains
de leur propriétaire ? Quoique leur collection ou
la récolte en général présuppose la préparation de
la terre, les engrais, le hersage & les autres labours
qui doivent devancer les semailles, il ne faut pas
cependant la compter parmi les travaux du cultiva-
teur aux soins duquel elle est abandonnée ; on peut
dire vraiment qu'il se livre au repos dès qu'il a une
fois confié sa semence au sein de la terre. Quand
vous serez donc venu a bout des principaux & plus
grands travaux, usez heureusement & *jouissez* de ce
fruit éternel & immortel de la Philosophie, qui est
une espèce d'expression ou d'extrait de la sagesse
divine, & le fruit de vie du Paradis terrestre, &c.

« Ce premier rameau d'or étant arraché, un
autre prendra infailliblement sa place, & la tige
poussera de nouveaux rejetons du même métal ».

Lorsque vous posséderez ce trésor, vous vous
persuaderez avec raison qu'après la connaissance
intuitive de l'essence divine, qui est réservée à
notre âme dans l'autre vie, comme le sceau de
notre foi, l'intelligence humaine ne peut imaginer
rien de plus précieux, rien de plus noble que ce
don de Dieu, qui contient & renferme en lui la
majesté de toute la Nature.

AU LECTEUR

Pour me garantir de la critique des Sophistes, & de peur que l'on imagine que j'ai avancé sans aucun fondement les Positions que l'on vient de lire, j'ai cru qu'il était à propos de les confirmer par les Maximes suivantes qui ont été puisées chez les plus estimés d'entre les Philosophes.

LA PIERRE DE TOUCHE

OU

PRINCIPES DES PHILOSOPHES,

Qui doivent servir de règle pour l'oeuvre.

I

La Nature a laissé quelques êtres imparfaits, puisqu'elle n'a pas formé la pierre, mais seulement sa matière, qui véritablement ne peut pas faire ce que la Pierre fait après sa préparation, parce qu'elle en est empêchée par des obstacles accidentels.

II

La substance que l'on cherche est la même chose que celle d'ou on doit la tirer.

III

Cette identité est spécifique, *c'est-à-dire*, *qu'elle n'est que relativement à l'espèce;* elle n'est pas particulière ou numérique.

IV

De l'unité, tirez le nombre ternaire, & ramenez le ternaire à l'unité.

V

Toute chose sèche boit son humide.

VI

Il n'y a d'eau permanente que celle qui est sèche & qui adhère aux corps, de manière que si elle fuit, les corps fuient avec elle, & qu'elle les suive s'ils fuient.

VII

Quiconque ignore le moyen de détruire les corps, ignore aussi le moyen de les produire.

VIII

Toutes les choses qui se résolvent par la chaleur, se coagulent au froid, & réciproquement.

IX

La Nature se réjouit en sa nature ; la Nature
améliore la nature, & la mène à sa perfection.

X

Il est nécessaire, pour la conservation de
l'Univers, que chaque chose désire & demande la
perpétuité de son espèce.

XI

Dans les productions physiques parfaites, les
effets sont semblables & *conformes* à la cause particulière qui les produit.

XII

Il n'est pas possible qu'il se fasse aucune génération sans corruption, & dans notre oeuvre,

la corruption & la génération dont impossibles dans le Ciel philosophique.

XIII

A moins d'intervertir l'ordre de la Nature, vous n'engendrerez pas de l'or à moins qu'il n'ait été auparavant argent.

XIV

La solution des corps est la même chose que leur congélation, si l'on ne considère que le menstrue & le moment de la solution.

XV

Si vous avez dissipé & perdu la verdeur du Mercure & la rougeur du Soufre, vous avez perdu l'âme *de la Pierre*.

XVI

Rien d'étranger n'entre dans notre oeuvre, il n'admet & ne reçoit rien qui vienne d'ailleurs.

XVII

Les solutions philosophiques enlèvent au corps dissous ses impuretés naturelles, qui ne peuvent être rendues sensibles par aucune autre Voie.

XVIII

Tout agent exige une matière préparée, c'est pour cela qu'un homme ne peut point engendrer avec une femme morte.

XIX

Dans l'oeuvre, la femelle dissout le mâle, & le mâle coagule la femelle.

XX

Le Mercure des Philosophes est leur composé très secret, ou leur Adam, qui porte & cache dans son corps Eve sa femme, laquelle est invisible, mais lorsqu'elle arrive au blanc, elle devient mâle.

XXI

Les Philosophes ont dit sagement que le Mercure renferme tout ce qui fait l'objet de la recherche des Sages.

XXII

Que votre chaleur soit continuelle, vaporeuse, digérante, environnante, & qu'elle soit portée à travers un milieu.

XXIII

Prenez garde à l'ordre dans lequel paraîtront les couleurs critiques, que l'une ne devance pas l'autre, & que chacune d'elles se présente à son tour.

XXIV

Ces couleurs critiques sont au nombre de quatre ; le noir, le blanc, le citron & le rouge parfait. Quelques Philosophes leur ont donné le nom d'éléments.

XXV

Si la couleur blanche précède la noire, vous avez manqué dans le régime du feu ; & si la rouge paraît avant la noire ou la blanche, c'est un indice de la trop grande sécheresse de la matière.

XXVI

Ayez le plus grand soin que là noirceur ne paraisse pas deux fois, lorsque les petits corbeaux se sont une fois envolés de leur nid, ils ne doivent plus y rentrer.

XXVII

Prenez garde encore que la coque de l'oeuf ne se casse, qu'elle ne se fêle, qu'elle ne donne passage à l'air, sans quoi vous ne ferez rien de bon.

XXVIII

Le ferment n'est composé que de sa propre pâte : ainsi ne mêlez pas le blanc avec le rouge, ni le rouge avec le blanc.

XXIX

Si vous ne teignez pas le Mercure, il ne teindra pas.

XXX

Il faut que les corps *ou métaux* inférieurs que l'on veut transmuer en or ou en argent par la projection, soient vifs & animés.

XXXI

Plus les corps seront parfaits, plus ils recevront & se chargeront de teinture.

XXXII

Si la pierre n'a pas été fermentée au moins deux fois, elle ne pourra pas maîtriser ou subjuguer le Mercure des corps, & le changer en sa nature.

XXXIII

Si l'on emploie trop de teinture dans la projection, le corps inférieur prendra trop de fixité,

& ne pourra pas entrer en fusion ; s'il y en a trop peu, il ne sera teint que faiblement.

XXXIV

Notre Pierre, avant d'être propre à teindre les métaux, chasse les maladies de son genre, proportionnées au degré de perfection qu'elle a acquis.

XXXV

Lorsqu'elle est parvenue à une blancheur fixe & permanente, elle guérit les maladies Lunaires ; & lorsqu'elle est rouge, les maladies Solaires. Mais quoiqu'elle soit préparée de l'une ou de l'autre manière, les maladies Astrales lui résistent, parce qu'elles sont absolument soumises à la fatalité. (*) Cette distinction des Maladies en Solaires, Lunaires, Astrales, Tartareuses, &c. introduite ou accréditée par Paracelse, a été proscrite avec raison par la Médecine moderne. Ainsi je ne m'arrêterai point à en donner les définitions ; cela me mènerait trop loin. Les curieux peuvent consulter sur cet objet les ouvrages même de Paracelse.

XXXVI

Les Sages *éloignant les Profanes* n'admettront que les Elus à leurs mystères sacrés, dès qu'ils posséderont ce rare présent de la Sagesse divine, ils en rendront grâces à l'Etre Suprême, & se mettront sous l'étendard d'Harpocrate.

PRATIQUE

Prenez de la vraie terre suffisamment imprégnée des rayons du Soleil, de la Lune & des
autres astres. Faites-en deux parts égales ; le but
de ceci est de rendre à la Nature son poids, car
d'un côté on extrait le nitre philosophique, &
de l'autre le sel volatil & fixe. Je vais dire quelques mots de chacun des deux en particulier. Si
l'on travaille soigneusement par cette voie avec
le poids convenable, il ne sera pas facile de se
tromper, ce qui arriverait d'ailleurs très aisément,
si on extrayait ces sels d'un seul côté, *c'est-à-dire,*
de l'une ou de l'autre de ces parties seulement.

Du Nitre philosophique.

Il est nécessaire que la matière de la Pierre
soit purifiée au suprême degré par la coction, la

filtration, l'évaporation & la coagulation; car il faut que l'Art la rende tellement diaphane, qu'elle surpasse le cristal en transparence & en éclat. Cela fait, on calcinera à un feu très fort cette terre presque morte, d'où l'on a tiré ce cristal par élixivation. Prenez une livre & demie du nitre cristallin, & quatre livres & demie de cette terre calcinée mentionnée ci-dessus. Distillez, selon les règles de l'Art, avec une retorte de terre bien lutée, dont le récipient soit suffisamment grand, & dans lequel vous aurez mis deux livres d'eau de fontaine, vous distillerez par gradation jusqu'à ce que les gouttes des esprits se précipitent dans l'eau en forme d'étincelles. Ayez soin que toutes les ouvertures soient bien bouchées, de peur que rien ne transpire; lorsque la distillation sera achevée, laissez entièrement refroidir le fourneau avant d'enlever le récipient, & faites autant de pareilles distillations que la quantité de votre matière en demandera.

Rectifiez tous ces esprits au bain-marie, jusqu'à ce que vous ayez fait passer tout le phlegme, c'est-à-dire, les deux livres d'eau que vous aviez mises dans le récipient pour recevoir les esprits. Remettez ensuite l'alambic sur les cendres, distillez tous les esprits selon l'art, & gardez-les dans un vase de verre qui soit rempli seulement à moitié, crainte qu'il ne casse.

Du Sel volatil.

Prenez six livres de terre calcinée, mettez-les dans un vase sublimatoire bien lutté, il montera un sel volatil & un esprit semblable à une vapeur de couleur trouble. Si quelque partie blanche du sel subtil s'attache au col du vase, détachez-la avec un bâton ou quelque instrument de bois, & joignez-la aux autres parties de l'esprit déjà subli-mées. Il n'est pas nécessaire ici de mettre de l'eau dans le récipient, parce que notre terre contient une quantité suffisante d'humidité dans laquelle les esprits se précipiteront. Continuez les distilla-tions jusqu'à ce que toute la terre soit consumée ; mais réservez le *caput mortuum* pour en extraire le sel fixe de la manière qui suit :

Prenez toutes les distillations provenues de cette terre dans une cucurbite de verre, & chas-sez-en le phlegme au bain-marie. Adaptez ensuite un récipient à la cucurbite, mettez-la au bain de cendres, & distillez les esprits, que vous garderez si vous voulez, mais ils ne servent pas pour cet ouvrage. Quant à la terre qui reste au fonds de la cucurbite, vous adapterez un alambic aveugle, vous la sublimerez avec adresse & selon les règles de l'Art, & vous obtiendrez un sel très subtil & semblable à la neige, vous rectifierez ce sel par des sublimations répétées, & vous le garderez dans un vase de verre bien bouché, car sans cela l'air le résout en eau.

Du Sel fixe.

Prenez la terre restante, calcinez-la à feu ouvert sur les cendres pendant douze heures ; tirez en ensuite le sel selon les règles de l'Art, en le lavant, cuisant, dissolvant, évaporant & répétant ce travail jusqu'à ce que vous ayez un sel aussi diaphane que le cristal.

Conjonction des trois Sels.

Joignez le sel fixe & le sel volatil, versez par-dessus de l'esprit de nitre, ils s'embrasseront réciproquement & se résoudront en eau. Cette eau est le Mercure triomphant des Philosophes & le Menstrue universel. Elle a le pouvoir de dissoudre les métaux & les pierres précieuses, parce qu'elle est un pur feu.

Composition de l'oeuvre universel.

Prenez dix parties du menstrue universel &
une partie d'or en feuilles très pur, mettez-les
dans une cucurbite, le menstrue ne tardera pas à
dissoudre l'or. Lorsqu'il sera totalement dissous,
il tombera au fonds du vase une espèce de terre
provenante de ce métal. Laissez les choses dans
cet état l'espace d'une nuit, & filtrez ensuite la
solution selon l'Art, dans un matras que vous
boucherez hermétiquement, & que vous place-
rez dans le globe intérieur de l'Athanor.

Usage de l'Athanor pour cet oeuvre.

Il y à dans l'Athanor trois globes, le premier est très grand & est entier, le moyen est percé dans sa partie supérieure, afin que la vapeur de l'eau puisse s'échapper, le troisième est de bois de chêne, & c'est celui dans lequel se fait la putréfaction au moyen du feu de vapeurs. Il doit y avoir dans ce dernier globe une quantité suffisante d'eau, & si elle s'évapore, il faut en mettre de la nouvelle qui soit chaude. Cette putréfaction s'achève en 40 ou 45 jours, & c'est alors que paraît ordinairement la noirceur qu'on a nommée Tête de corbeau. Lorsque la putréfaction est finie, ôtez le globe de bois, parce qu'il n'est plus besoin d'eau pour le reste de l'ouvrage. Vous mettrez donc le vase dans le globe percé, que vous remplirez de cendres. Votre feu doit être doux, & tel que la main puisse le supporter sans aucune peine ; & en 50 jours, vous verrez paraître les couleurs connues sous le nom de la queue de paon, dont il ne restera enfin que la seule couleur verte. Otez alors le vase, & mettez-le dans le premier globe, qui est le plus grand, & qui doit être plein de sable, afin de pouvoir en recouvrir facilement le vase qui renferme la matière & qui

doit être bien bouché. Ouvrez l'Athanor, aug-
mentez le feu de manière que la main ne puisse
pas supporter sa chaleur, au bout de 50 jours la
matière sera blanche Continuez le même degré
de feu jusqu'à ce qu'elle jaunisse, ce qui arrivera
en 30 jours, ou au plus tard en 50. Mettez enfin le
vase au fonds du fourneau, & appliquez-y le feu
du quatrième degré, jusqu'à ce que la poudre paraisse rouge ; vous apercevrez au milieu de cette
poudre un grain d'une rougeur plus éclatante &
de la grosseur d'un poids, que vous garderez soigneusement, car c'est la semence de l'or. Vous
ôterez la poudre rouge qui est tout autour, parce
qu'elle ne sert de rien dans cet oeuvre. Quant à
ce grain même, voici l'usage que vous en ferez.

Ce grain précieux est l'or des Philosophes,
pesez-le bien exactement, & mettez-le précisé-
ment avec dix parties du menstrue, dans un petit matras dont les deux tiers doivent rester vi-
des. Scellez hermétiquement, & mettez d'abord
le vase dans le premier globe, qui est de bois.
Opérez suivant les différents degrés de feu, &
pendant le nombre de jours dont nous venons
de parler, jusqu'à ce que la poudre acquière enfin
une rougeur brillante, après quoi vous en ferez
l'épreuve par le moyen d'une lame d'argent rou-

gie au feu, sur laquelle vous en jetterez une très petite partie ; il faut qu'elle y flue comme de la cire sans fumer, mais si elle fume encore, remettez-la dans le sable, où elle se fixera ultérieurement, & se revêtira de la qualité du feu.

Multiplication.

La Multiplication se fait de cette manière : prenez une partie de votre *poudre* rouge fixe, & dix parties du menstrue, mettez-les dans un vase ou matras ; ils s'embrasseront sur le champ. Scellez hermétiquement le vase, & mettez-le dans l'Athanor. Conduisez-vous en tout comme il a été dit ci-dessus, jusqu'à ce que vous ayez la noirceur dans le globe de bois, les couleurs variées *de la queue de paon* dans le second globe, & la couleur rouge dans le premier. Vous pourrez, si vous le voulez, multiplier une seconde & une troisième fois en procédant de la même manière.

Dans la première opération, une partie de la poudre en teindra dix de métal, dans la seconde, une partie en teindra cent, & dans la troisième, mille. Mais de peur que vous ne craigniez l'ennui de ce travail, vous saurez qu'il faut toujours moins de temps pour les dernières opérations que pour les premières, car en mettant le vase avec le globe de chêne dans l'Athanor seulement pendant trois jours, vous verrez paraître la couleur noire. De même avec le globe percé où l'on met le vase dans les cendres, toutes les couleurs, jusqu'à la verte, passeront aussi dans l'espace de trois jours ; enfin dans le premier globe où l'on couvre le vase de sable, trois autres jours vous suffiront pour amenée la couleur rouge.

Fermentation & préparation pour la projection.

Prenez une partie de la poudre rouge & dix parties d'or très pur. Lorsque l'or sera en fusion dans le creuset, jetez-y la poudre : telle est la règle de l'Art. L'or par ce moyen deviendra friable, & une de ses parties teindra dix parties de mercure en très bon or. Mais il y a ici trois choses principales à observer.

1° Après la projection, cette poudre ne peut plus se multiplier, ainsi conservez-la soigneusement.

2° La poudre fermentée avec l'or est appelée Pierre, & peut être employée dans la médecine de cette manière : on en prendra un scrupule ou vingt-quatre grains, que l'on résoudra selon l'art dans deux onces d'esprit de vin, & on en donnera depuis deux ou trois jusqu'à quatre gouttes, suivant l'exigence de la maladie, dans un peu de vin ou dans quelque autre véhicule convenable.

3° Après la fermentation, la poudre porte le nom de teinture, & elle ne peut plus être multipliée. Il est par conséquent à propos d'avoir en réserve une partie de la pierre, puisqu'on la multiplie très aisément en mettant une partie avec dix du menstrue.

Gloire, honneur, louange soient au Très-Haut, dans les siècles des siècles. Ainsi soit-il.

O. A. M. D. G. 1780.

FIN.

Avec approbation et privilège du Roi.

TABLE DES CHAPITRES